Zaïd Moumin
Ichrak Hmidani

Démarche et outil de gestion de portefeuille de projets informatiques

Zaïd Moumin
Ichrak Hmidani

Démarche et outil de gestion de portefeuille de projets informatiques

Éditions universitaires européennes

Impressum / Mentions légales

Bibliografische Information der Deutschen Nationalbibliothek: Die Deutsche Nationalbibliothek verzeichnet diese Publikation in der Deutschen Nationalbibliografie; detaillierte bibliografische Daten sind im Internet über http://dnb.d-nb.de abrufbar.
Alle in diesem Buch genannten Marken und Produktnamen unterliegen warenzeichen-, marken- oder patentrechtlichem Schutz bzw. sind Warenzeichen oder eingetragene Warenzeichen der jeweiligen Inhaber. Die Wiedergabe von Marken, Produktnamen, Gebrauchsnamen, Handelsnamen, Warenbezeichnungen u.s.w. in diesem Werk berechtigt auch ohne besondere Kennzeichnung nicht zu der Annahme, dass solche Namen im Sinne der Warenzeichen- und Markenschutzgesetzgebung als frei zu betrachten wären und daher von jedermann benutzt werden dürften.

Information bibliographique publiée par la Deutsche Nationalbibliothek: La Deutsche Nationalbibliothek inscrit cette publication à la Deutsche Nationalbibliografie; des données bibliographiques détaillées sont disponibles sur internet à l'adresse http://dnb.d-nb.de.
Toutes marques et noms de produits mentionnés dans ce livre demeurent sous la protection des marques, des marques déposées et des brevets, et sont des marques ou des marques déposées de leurs détenteurs respectifs. L'utilisation des marques, noms de produits, noms communs, noms commerciaux, descriptions de produits, etc, même sans qu'ils soient mentionnés de façon particulière dans ce livre ne signifie en aucune façon que ces noms peuvent être utilisés sans restriction à l'égard de la législation pour la protection des marques et des marques déposées et pourraient donc être utilisés par quiconque.

Coverbild / Photo de couverture: www.ingimage.com

Verlag / Editeur:
Éditions universitaires européennes
ist ein Imprint der / est une marque déposée de
OmniScriptum GmbH & Co. KG
Heinrich-Böcking-Str. 6-8, 66121 Saarbrücken, Deutschland / Allemagne
Email: info@editions-ue.com

Herstellung: siehe letzte Seite /
Impression: voir la dernière page
ISBN: 978-3-8417-9916-6

SOMMAIRE

INTRODUCTION

Face à la concurrence, gérer le portefeuille de projets devient un enjeu majeur pour les entreprises. Elles se trouvent donc devant le besoin de piloter leurs projets de façon rationnelle, en vue de respecter les coûts et les délais, et réduire ainsi de 80% les causes de leur échec.

CNIA SAADA Assurance ne fait pas exception à cette règle. Elle a donc besoin de se doter d'un outil qui permette d'assurer une gestion efficace de ses projets, pour être conforme à la charte qualité qu'elle adopte, et répondre au mieux aux attentes de ses clients, concernant le respect des délais et la qualité du produit final livré. De plus, étant donné la croissance continue de la CNIA SAADA Assurance, le nombre de projets traité au sein de sa direction de l'organisation des systèmes d'information (DOSI) ne cesse d'augmenter. Ceci nécessite donc une gestion optimale des ressources. Ainsi, elle se trouve dans le besoin de mettre en place une nouvelle approche pour la gestion de son portefeuille de projets informatiques, ayant pour objectif d'assurer la coordination des acteurs et des tâches, dans une optique d'efficacité et de rentabilité.

Notre projet de fin d'étude s'inscrit ainsi dans ce cadre. Il consiste en la mise en place d'une démarche et d'un outil permettant la gestion du portefeuille de projets. Pour ce faire, nous avons mené une étude bibliographique afin de déterminer le standard sur lequel nous avons basé notre démarche. Puis, nous avons modélisé les besoins à travers une étude fonctionnelle. Ensuite, l'étude comparative nous a permis de choisir deux solutions, l'une gratuite « Project'or Ria » et l'autre payante « Genius Project ». Nous avons enfin procédé au paramétrage de l'outil gratuit.

Le présent rapport s'articule autour de cinq axes :

Le premier chapitre sera consacré à la clarification du cadre et intérêt du travail entrepris. Nous y procèderons à la présentation de la CNIA SAADA Assurance et de sa direction de l'organisation des systèmes d'information ainsi qu'à la formulation de la problématique de travail et des objectifs du projet.

Le deuxième chapitre s'attachera à la présentation des standards de gestion de projets étudiés. Nous y définirons les notions de gestion de projets et de portefeuille de projets, pour ensuite exposer les standards les plus connus dans ces domaines, à savoir PMBOK et PRINCE2, et enfin, mettre en avant celui choisi pour l'élaboration de la démarche qui sera proposée à la CNIA SAADA Assurance.

Le troisième chapitre sera réservé à la présentation de la démarche que nous avons élaborée pour notre organisme d'accueil, et qui sera basée sur un standard international.

Le quatrième chapitre portera sur l'étude fonctionnelle que nous avons réalisée, et qui nous a permis de modéliser les principales fonctionnalités de l'outil que nous proposerons à la CNIA SAADA Assurance.

Le dernier chapitre de notre rapport concernera l'étude technique que nous avons menée : de la définition des critères de choix de l'outil, au paramétrage de ce dernier, en passant par l'étude comparative des différentes solutions aussi bien propriétaires que libres.

Enfin, nous terminerons par une conclusion et dégagerons des perspectives.

CHAPITRE I :
CONTEXTE GENERAL DU PROJET

Dans ce chapitre, nous présenterons de façon générale le contexte du projet. Nous commencerons par présenter l'organisme d'accueil CNIA SAADA Assurance, puis nous situerons le contexte de notre travail, pour parler ensuite de l'objectif de notre travail et enfin de la conduite de notre projet.

1.1 Présentation de CNIA SAADA Assurance :

Cette partie nous permettra de nous situer par rapport à notre organisme d'accueil, tout d'abord en commençant par le présenter de façon générale, puis, en présentant la DOSI, direction dans laquelle nous avons poursuivi notre stage, et enfin le service PMO auquel nous sommes rattachés.

1.1.1 Présentation générale :

CNIA SAADA opère dans le domaine d'assurance sur les accidents corporels, santé, vie, épargne et automobile.

CNIA Assurance, a été créée en 1949 sous le nom de Compagnie Nord Africaine et Intercontinentale d'Assurance. 16 ans plus tard, elle devient filiale de la Caisse de dépôt et de gestion s'affirmant ainsi comme un des leaders dans les activités de collecte et d'emploi de l'épargne. En 2001, la Compagnie Nord Africaine et Intercontinentale d'Assurance change de nom pour devenir CNIA Assurance et entreprend un vaste chantier de restructuration. Rachetée en 2005 par le Groupe Saham, CNIA Assurance aspire à devenir un des acteurs majeurs de l'assurance au Maroc. Dans ce sens elle rachètera en 2006, l'assureur marocain ES SAADA. En juin 2009, la compagnie change de nom pour devenir CNIA SAADA Assurance. **[CNIA SAADA 2011]**

1.1.2 Présentation de la DOSI :

La Direction de l'Organisation et des Systèmes d'Information est chargée de gérer les systèmes d'information existants et de concevoir les nouvelles infrastructures matérielles, logicielles, télécoms, permettant d'améliorer la qualité de service et la rentabilité de la compagnie. Sa mission est de mettre en place de nouvelles procédures visant à améliorer l'efficacité collective des entités composant la CNIA SAADA Assurance. Sa structure répond à l'organisation présentée dans la figure 1.1.

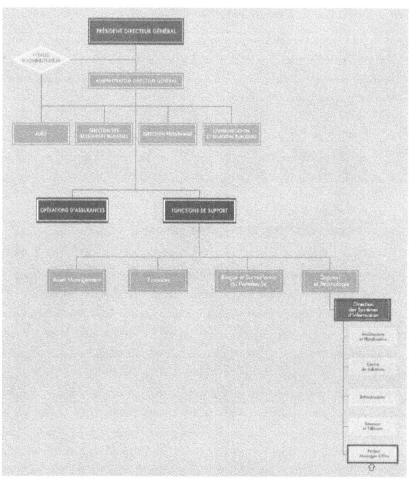

Figure 1.1 Organigramme de la CNIA SAADA Assurance

Le service dans lequel s'est déroulé notre projet de fin d'étude est le PMO : Project Manager Office. Ce service a pour mission de gérer et piloter l'ensemble de l'activité au sein de la DOSI. Il a en charge la définition et le suivi du portefeuille de projets informatiques, par portefeuille, nous entendons les projets pris d'un point de vue global. Il procède aussi à l'arbitrage des ressources nécessaires aux projets gérés par la DOSI, ainsi que la présentation de l'état d'avancement des différents projets.

1.2 Problématique et objectif du PFE :

Dans cette partie, nous commencerons par définir le contexte du projet, en exposant tout d'abord la démarche adoptée par le service PMO de la CNIA SAADA Assurance, puis l'outil utilisé pour la gestion de leur portefeuille de projets. Ensuite, nous présenterons les objectifs de notre projet de fin d'études.

1.2.1 Contexte du PFE :

Afin de mieux cerner le contexte du PFE, nous présenterons dans un premier temps la démarche actuelle de gestion de projet adoptée à la CNIA SAADA Assurance, puis l'outil utilisé.

a. Démarche du PMO de CNIA SAADA Assurance :

Suite à la fusion de CNIA avec ES SAADA, la DOSI de la CNIA SAADA Assurance a commencé à travailler en mode projet. Pour cela, un service PMO a été mis en place afin de gérer et piloter l'ensemble de l'activité au sein de la DOSI.

Les représentants des différents services métiers expriment leurs besoins en termes de projets informatiques chaque début d'année lors d'une réunion avec le PMO et le directeur des Systèmes d'Information, ce qui permet de définir le portefeuille annuel de projets de la DOSI et de l'ordonnancer selon la priorité de chacun des projets.

La démarche actuelle suivie au sein de la DOSI de la CNIA SAADA Assurance consiste à une planification des projets qui ont été affectés à un chef de projet avant leurs démarrages. Ainsi le projet est découpé en lots, puis en phases, et enfin en tâches. Chaque tâche est alors programmée pour un intervalle de temps, avec une date de début et une date de fin. Une ou plusieurs ressources sont ensuite affectées aux tâches avec des charges respectives, et des livrables à présenter en fin d'échéance.

L'arbitrage des ressources et leur affectation aux tâches sont réalisés par le chef de projet en coordination avec le PMO, et ce, lors d'une réunion tenue chaque début de semaine. Le PMO veille à ce que la charge hebdomadaire de chaque ressource dans l'ensemble des projets ne dépasse pas sa capacité, et procède à une deuxième planification le cas échéant.

Cette démarche présente plusieurs failles dans le sens où elle ne permet pas une planification normalisée des projets. Elle ne permet pas non plus une gestion de portefeuille des projets ; c'est-à-dire une gestion de l'ensemble des projets de la DOSI, car il y a possibilité qu'une ressource soit affectée à deux projets, durant une même période et avec une charge qui dépasse sa capacité. De plus, les échanges d'information et de directives se font à travers des réunions, donc il y a possibilité de perte d'information.

Outre cela, cette démarche de gestion de projets constitue une méthode simple et intuitive dont les documents essentiels sont :

- le plan de mise en œuvre qui comprend le planning du projet en termes de durées, de charges et de livrables ;
- le monitoring des anomalies qui contient l'ensemble des anomalies émises avec leur description ;
- le compte-rendu des réunions du comité de projet c'est-à-dire les résumés des points traités lors des réunions du comité de projet ;
- le Rapport Flash, élaboré par le chef de projet, qui renseigne de l'avancement du projet.

Ainsi, il s'avère donc nécessaire que la DOSI de CNIA SAADA Assurance se dote d'une démarche inspirée des standards internationaux de gestion de projets.

b.   Présentation de l'outil existant de gestion de projet :

Pour gérer son portefeuille de projets, la DOSI dispose de l'outil Real TimeSheet. C'est une application développée avec Joomla, et déployée en Intranet, avant que la fusion de la CNIA avec ES SAADA ait lieu.

Cet outil a été développé suite à un besoin urgent, par l'un des prestataires de la CNIA SAADA Assurance, pour répondre au manque d'outil informatique de supervision des projets et des ressources de la DOSI. Le besoin était alors d'avoir un outil simple, permettant d'avoir une vue globale sur l'activité de chacun des employés de la DOSI.

Pour cela, chaque chef de projet devait valider le temps passé par l'une de ses ressources sur une tâche donnée.

Bien que le Real TimeSheet soit un outil pratique et facile d'utilisation, il ne satisfait plus les besoins d'un organisme de la taille de CNIA SAADA Assurance en matière de gestion de projets.

Les failles de cet outil peuvent être résumées dans ce qui suit :

- Il ne permet pas d'afficher et de mettre à jour le planning relatif à chaque projet ;
- Il ne permet pas le calcul des coûts et l'affectation des charges aux ressources (en JH) ;

- Il ne permet pas d'évaluer les estimations faites en début de projet et de mesurer les écarts entre le réel et le prévisionnel ;
- Il ne permet pas d'avoir une représentation graphique des tâches et du planning ;
- Il ne permet pas d'afficher l'état d'avancement du projet.

Il s'avère donc nécessaire de mettre en place un outil qui permette de remédier à ces failles, et d'assurer une bonne gestion de projets informatiques au sein de la DOSI.

1.2.2 Objectif du PFE:

Notre projet de fin d'études a deux objectifs :

1. Proposer une démarche : Cette démarche sera dirigée par les standards internationaux de gestion de projets. Elle permettra à la DOSI de la CNIA SAADA Assurance d'assurer une gestion de son portefeuille de projets conformément aux normes et aux bonnes pratiques.

2. Mettre en place un outil : Cet outil gérera l'ensemble du portefeuille de projets de la DOSI. Il pourra offrir aux entités concernées une vision plus claire sur l'état d'avancement de chacun des projets, sur les ressources que chaque projet a consommées, ainsi que sur les écarts entre le travail planifié par les chefs de projets et celui réalisé par les ressources. Tout cela dans un but de mener à bien les projets et de mettre le point sur les causes de retard et les erreurs d'estimations.

1.3 Conduite du projet :

Pour mener à bien notre projet de fin d'études, nous avons organisé notre travail suivant différentes étapes et phases.

Tout d'abord, nous avons commencé notre stage par découvrir l'état des lieux. Pendant cette période, nous nous sommes familiarisés avec le milieu de travail, nous avons aussi pu maitriser la méthodologie de travail du service PMO et découvrir l'outil existant. Nous avons ensuite réalisé une étude bibliographique afin de comparer les différents standards existants qui traitent la gestion de projets et de portefeuille de projets, pour ensuite choisir la démarche la plus appropriée et la présenter à la DOSI de CNIA SAADA Assurance.

Après avoir cerné les différentes pratiques relatives à notre sujet, nous avons modélisé les besoins et les exigences du service PMO, puis procédé à une analyse et formulation des spécifications techniques qui doivent être remplies par l'outil informatique choisi.

Nous avons ensuite commencé l'étude comparative des outils existants sur le marché, étape dans laquelle nous avons réalisé une étude technique et commerciale d'une vingtaine d'outils, aussi bien gratuits que payants. Nous avons ensuite sélectionné ceux qui s'approchent le plus du besoin, et procédé à leur installation et test, afin d'en découvrir les points forts et les failles. Cette phase nous a permis de retenir deux outils : l'un gratuit et l'autre payant. Les deux outils ont été présentés au PMO.

Après cette phase, nous avons procédé au paramétrage des modules de l'outil gratuit, afin d'avoir un outil adapté aux besoins de la CNIA SAADA Assurance.

En figure 1.2, nous présenterons les phases de notre projet de façon séquentielle.

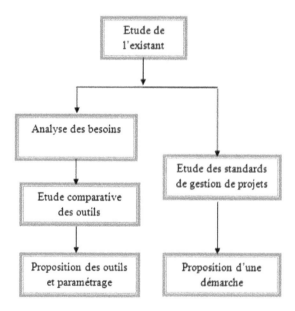

Figure 1.2 Phases du projet de fin d'études

Pour la démarche du paramétrage de l'outil choisi, nous avons adopté le modèle itératif (figure 1.3).

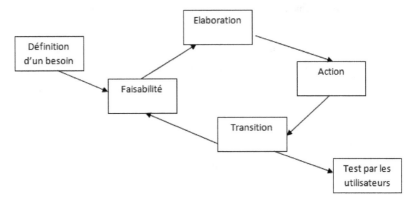

Figure 1.3 Modèle itératif de la phase du paramétrage

Nous avons donc choisi ce modèle afin de mener à bien cette phase, vu qu'il s'adapte aux étapes d'un paramétrage réussi, c'est-à-dire qu'au début nous commençons par définir les besoins exprimés par le PMO, puis nous allons procéder à des itérations (une itération ne dépasse généralement pas une semaine), ces itérations sont faites chaque fois qu'il y a un ajout ou une modification d'une fonctionnalité de l'outil, puis nous allons terminer par des tests avec les utilisateurs.

Conclusion:

Nous avons été accueillis au sein du service Project Manager Office de la DOSI. L'objectif de notre PFE est de mettre en place une démarche et un outil de gestion de portefeuille de projets informatiques de la DOSI. A présent, nous allons enchaîner par une étude des standards de gestion de projets.

CHAPITRE 2 :
STANDARDS DE GESTION DE PROJETS

Ce chapitre présente l'étude bibliographique que nous avons réalisée afin de mieux cerner le domaine de la gestion des projets. Nous commencerons tout d'abord par présenter la notion de gestion de projets et de portefeuille de projets, pour ensuite voir les standards les plus connus en matières de gestion de projets, à savoir PMBOK et PRINCE2. Et enfin, nous présenterons l'approche que nous allons retenir afin de l'adopter au sein de la DOSI de CNIA SAADA Assurance.

2.1 Gestion de projet :

Selon le Project Management Institute (PMI), un projet est toute activité réalisée une seule fois, dotée d'un début et d'une fin déterminée qui vise à créer un produit ou un savoir unique. Il peut nécessiter la participation d'une seule ou de milliers de personnes appartenant à une seule organisation ou un groupe d'organismes intéressés. **[PINEAU 2007]**

➢ **Qu'est-ce que la gestion de projet ?**

La gestion de projet, ou conduite de projet, est une action temporaire qui a pour but d'organiser de bout en bout le bon déroulement d'un projet, et qui mobilise des ressources identifiées (humaines, matérielles, équipements, matières premières, informationnelles et financières) durant sa réalisation.

On appelle « livrables » les résultats attendus du projet. **[BOUDRANT 2006]**

Le gestionnaire de projet, parfois appelé coordonnateur ou chef de projet, en administre les détails, au jour le jour.

Il existe un bon nombre d'outils et de techniques de gestion de projets qui seront abordés dans la suite de notre rapport.

2.2 Gestion de portefeuille de projets :

La gestion de portefeuille de projets est un processus décisionnel dans lequel la liste des projets actifs est constamment mise à jour et révisée. Durant ce processus de nouveaux projets sont évalués, sélectionnés et priorisés; des projets existants sont maintenus, ou arrêtés; et des ressources sont allouées ou retirées des projets actifs. **[COOPER 1998]**

D'autre part, la gestion de portefeuille de projets a pour particularité le caractère incertain d'information nécessaire à la décision, la composition changeante du portefeuille, une disponibilité des ressources limitées (faire tous les projets n'est pas toujours possible) et une réallocation des ressources est parfois difficile (les compétences, la localisation,...)

La gestion de portefeuille est donc la discipline traitant des projets pris d'un point de vue global dans un but de sélection et d'arbitrage. Alors que la gestion de projet s'attache à "bien faire les projets" et relève donc du domaine de l'opérationnel, la gestion de portefeuille projets vise à "faire les bons projets", et relève de ce fait du domaine du décisionnel. **[ANTABAPT 2011]**

2.3 Standards de gestion de projets :

Un standard de gestion de projet détermine la manière de procéder afin de gérer un projet de bout en bout. Il décrit chaque étape du cycle de vie du projet en profondeur, afin de connaitre exactement quelles tâches remplir, quand et comment. Il permet ainsi de piloter le projet en le maintenant dans la bonne direction et en le gardant sur la bonne voie. Il permet également de gérer un projet dans un cadre structuré et d'une façon reproductible. De cette façon, il devient possible d'appliquer la même approche pour tous les projets entrepris.

Les standards les plus connus en gestion de projets sont le PMBOK : **P**roject **M**anagement **B**ody **O**f **K**nowledge, et PRINCE2 : **PR**ojects **IN** Controlled Environments 2nd version.

2.3.1 PMBOK

La version française du PMBOK est le *corpus des connaissances en management de projet*. Il est conçu par le Project Management Institute (**PMI**).

Le PMBOK a pour ambition de stabiliser et de structurer les connaissances actuelles indispensables pour conduire un projet dans les meilleures conditions.

La toute première version du PMBOK remonte à 1987. La version 4 est la version actuelle (2009). Depuis la version 3 de 2004, le PMBOK est normalisé IEEE 1490-2003.

a. Principe du PMBOK :

Le PMBOK est une approche orientée processus. Chaque processus est décrit en terme d'entrées (données, documents...), de sorties (données, documents, produits....) et d'activités (traitement des entrées, techniques, outils...). **[PMI 2004]**

b. Processus du PMBOK :

Les processus sont classés selon 5 groupes de base. **[ULRICH 2010]**

1. *Démarrer :* Elaborer et initier un projet.
2. *Planifier :* Ce groupe comprend l'ensemble des activités organisées en processus élémentaires indispensables pour assurer un enchaînement optimal des phases du projet dans les délais et ressources impartis selon les objectifs fixés.
3. *Exécuter :* Assurer la réalisation et coordonner les acteurs projets et les ressources disponibles selon le plan défini.
4. *Piloter :* Mesurer pour s'assurer que les objectifs seront atteints, détecter les variations et décider.
5. *Achever :* Clôturer un projet.

c. Domaines de connaissances du PMBOK :

D'une manière matricielle, le PMBOK structure le management du projet en 9 domaines de connaissances **[PMI 2004]** :

- *L'intégration* décrit les processus et activités qui intègrent les divers éléments du management de projet, éléments qui sont identifiés, définis, combinés, unifiés et coordonnés au sein des groupes de processus de management de projet.

- *Le contenu* décrit les processus nécessaires pour garantir que le projet comprenne tous les travaux nécessaires à sa réalisation, et uniquement ces travaux.
- *La communication* décrit les processus nécessaires pour assurer, en temps voulu et de façon appropriée, la génération, la collecte, la diffusion, le stockage et le traitement final des informations du projet.
- *Les délais* décrivent les processus nécessaires pour assurer la réalisation du projet en temps voulu.
- *Le coût* décrit les processus de planification, d'estimation, de budgétisation et de maîtrise des coûts nécessaires pour s'assurer que le projet soit réalisé en respectant le budget approuvé.
- *La gestion des risques* décrit les processus liés au management des risques dans le cadre d'un projet.
- *La gestion des approvisionnements* décrit les processus nécessaires à l'achat ou à l'acquisition de produits, de services ou de résultats, et les processus de management des contrats.
- *Le management de la qualité* décrit les processus nécessaires pour s'assurer que le projet réponde aux besoins définis au départ.
- *Le management des ressources humaines* décrit les processus nécessaires pour organiser et diriger l'équipe de projet.

La figure 2.1 résume l'ensemble des domaines de connaissance du PMBOK, avec les processus de chacun d'entre eux.

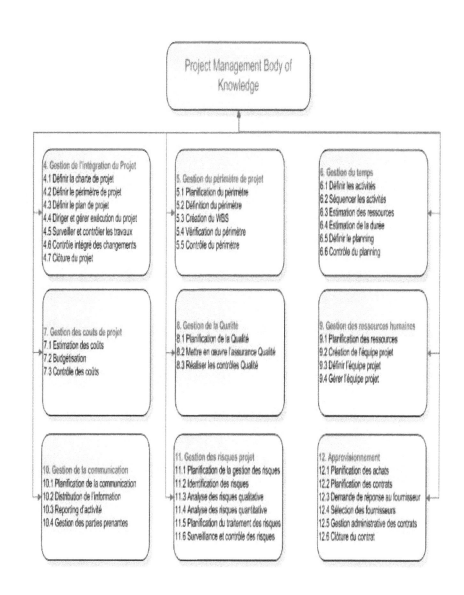

**Figure 2.1 Processus du PMBOK. Source : Project Management
Body Of Knowledge [PMI 2004]**

2.3.2 PRINCE2

PRINCE2 est une méthode de gestion de projet introduite dans le domaine public en 1989 par l'Office of Government Commerce (OCG). Elle est conçue pour fournir un framework couvrant la très vaste variété de disciplines et d'activités requises au sein d'un projet. PRINCE2 met le focus sur le cas d'affaire (Business Case), qui expose les justifications fonctionnelles et financières à l'origine du projet. Le cas d'affaire guide tous les processus de gestion du projet, depuis la mise au point initiale jusqu'à l'achèvement final. Par exemple, dans une direction des systèmes d'information, tous les projets font l'objet d'un business case, c'est-à-dire d'une évaluation et d'une validation économiques. **[LAMBERT 2008]**

a. Principe de PRINCE2 :

Prince2 est une méthode orientée processus. Comme il se doit, chaque processus est déterminé selon les éléments d'entrée, les résultats en sortie, les objectifs visés et les activités.

b. Les composants de Prince 2 :

PRINCE2 comprend 8 composants qui désignent des aspects clés en matière de gestion de projet mis en œuvre dans les processus **[LAMBERT 2008]** :

- *Le cas d'affaires* régit le projet, c'est l'expression des raisons pour lesquelles le projet doit être réalisé ;
- *L'organisation* définit la structure organisationnelle ;
- *Les plans* sont les bases des projets PRINCE2 ;
- *Les contrôles* ont pour but d'assurer que les livrables satisfont les critères de qualité définis, et que le travail est réalisé suivant le planning conformément aux plans de ressources et de coûts ;
- *Le risque* analyse et gestion des risques ;
- *La qualité* insiste tout au long du projet sur la satisfaction des exigences qualité du client ;
- *La gestion de la configuration* comprend l'identification, le suivi et la protection des produits du projet ;

- *La maitrise des changements* implique l'évaluation de l'impact potentiel du changement et de quand il peut être approuvé ou non.

c. Domaines et processus supports :

DP - Diriger un projet

Ce domaine est piloté selon le principe de la gestion par exception afin de tenir compte de la faible disponibilité des membres du comité directeur du projet (décideurs). [MONNOT 2008]

Processus :

- **DP1** Autoriser l'initiation ;
- **DP2** Autoriser un projet ;
- **DP3** Autoriser un plan de séquence ou d'exception ;
- **DP4** Donner des directives appropriées ;
- **DP5** Confirmer la clôture du projet.

EP - Elaborer un projet

Ce domaine avant-projet très bref précède la mise en place effective du projet.

Processus :

- **EP1** Nommer l'exécutif et le chef de projet ;
- **EP2** Composer l'équipe de management de projet ;
- **EP3** Nommer l'équipe de management de projet ;
- **EP4** Préparer l'exposé du projet ;
- **EP5** Définir l'approche du projet ;
- **EP6** Planifier la séquence d'initiation.

IP - Initialiser un projet

La principale donnée de sortie de ce domaine est le document d'initiation du projet qui sera exploité comme base de référence pour la mesure de l'état d'avancement du projet et l'évaluation du résultat final. [MONNOT 2008]

Processus :

- **IP1** Planifier la qualité ;
- **IP2** Planifier le projet ;
- **IP3** Affiner le cas d'affaire et revoir les risques ;
- **IP4** Créer les contrôles du projet ;
- **IP5** Créer les dossiers du projet ;
- **IP6** Assembler le Document d'Information sur le Projet (DIP).

CS - Contrôler une séquence

Domaine essentiel de la méthode Prince2 visant à décrire les missions quotidiennes du chef de projet en termes de surveillance et de direction du projet afin de garantir le déroulement optimum d'une séquence et permettre la prise de décision rapide en cas d'événement inattendu. **[MONNOT 2008]**

Processus :

- **CS1** Autoriser un lot de travaux ;
- **CS2** Evaluer la progression ;
- **CS3** Collecter les incidences de projet ;
- **CS4** Examen des incidences de projet ;
- **CS5** Examiner l'état de la séquence ;
- **CS6** Rapporter les points clés ;
- **CS7** Mener des actions correctives ;
- **CS8** Référer les incidences ;
- **CS9** Réceptionner un lot de travaux terminé.

LS - Gérer les limites de séquences

Si le comité de pilotage a requis un plan d'exception, ce domaine couvre également les différentes tâches relatives à l'établissement de ce plan. **[MONNOT 2008]**

Processus :

- **LS1** Planifier une séquence ;
- **LS2** Mettre à jour le plan du projet ;
- **LS3** Mettre à jour le cas d'affaire ;

- **LS4** Mettre à jour le recueil des risques ;
- **LS5** Rapporter une fin de séquence.

LP - Gérer la livraison du produit

Domaine de coordination des missions entre le chef d'équipe et la ou les équipes de spécialistes pour acceptation par les deux parties.

L'unité de travail doit être agréée par le chef de projet et le chef d'équipe, et spécifier les délais, les exigences en matière de qualité, ainsi que la fréquence et le contenu des rapports à établir. **[MONNOT 2008]**

Processus :

- **LP1** Accepter un lot de travail ;
- **LP2** Exécuter un lot de travail ;
- **LP3** Livrer un lot de travail terminé.

PL – Planifier

Domaine itératif reposant sur la technique de planification basée sur le produit et déclenché par d'autres processus dès lors qu'un plan doit être établi. **[MONNOT 2008]**

Processus :

- **PL1** Concevoir un plan ;
- **PL2** Définir et analyser les produits ;
- **PL3** Identifier activités et dépendances ;
- **PL4** Estimer ;
- **PL5** Ordonnancer ;
- **PL6** Analyser les risques ;
- **PL7** Finaliser un plan.

CP - Clôturer un projet

Domaine de formalisation des voies nécessaires à l'obtention de l'autorisation de comité pilotage de clôturer le projet une fois ce dernier parvenu à son terme, ou en cas d'abandon en cours de réalisation. **[MONNOT 2008]**

Processus :

- **CP1** Préparer la fin du projet ;
- **CP2** Identification des actions de suite ;
- **CP3** Evaluer le projet.

2.4 Le standard retenu :

Après l'étude que nous avons menée sur le PMBOK et PRINCE2, nous avons pu dégager les principaux points qui les différencient. Le tableau suivant représente une synthèse de notre étude.

	Nombre de composants	Nombre de domaines	Objectif
PMBOK	9	5	Stabiliser et de structurer les connaissances actuelles indispensables pour conduire un projet dans les meilleures conditions
PRINCE2	8	8	Fournir un framework couvrant les disciplines et les activités requises au sein d'un projet.

Tableau 2.1 Synthèse des standards de gestion de projets

Le PMBOK décrit donc la somme des connaissances au sein de la profession de gestion de projet. Il prend ainsi la meilleure approche pour présenter aux chefs de projets le contenu de chaque domaine de connaissances, mais ne permet pas de fournir des orientations détaillées pour l'exécution d'un projet particulier.

PRINCE2 quant à elle est une approche basée sur les processus de gestion de projet. Elle fournit un modèle de processus qui est destiné à être appliqué comme un ensemble d'étapes dans un ordre logique par un chef de projet dans la planification et la gestion d'un projet. L'application du modèle de processus est adaptable à la plupart des types de projets, dans un large éventail de complexité. En outre, PRINCE2 comprend un certain nombre de « composants » qui sont des orientations pour un chef de projet dans l'application du modèle de processus.

La différence fondamentale entre le PMBOK et PRINCE2 est que le PMBOK offre au gestionnaire du projet un nombre considérable d'informations sur des pratiques éprouvées dans ce domaine et invite le chef de projet à les appliquer là où il les juge appropriés, alors que PRINCE2 offre une série plus pratique de mesures à suivre pour le gestionnaire de projet et les équipes.

Il est évident que les domaines de connaissances du PMBOK et les processus et éléments de PRINCE2 couvrent de nombreux sujets communs. Toutefois, nous avons choisi, dans le cadre de notre projet de fin d'études, de présenter à CNIA SAADA Assurance une démarche qui se base sur l'approche PRINCE2, puisque cette approche a l'avantage de permettre un certain degré de standardisation dans une organisation, tout en s'adaptant à un éventail de projets. PRINCE2 requière généralement que tous les projets entreprennent la même démarche et utilisent la même terminologie. Cela a des avantages évidents dans la gestion du programme d'entreprise, même si un risque de limitation potentielle de la créativité dans la diversité des méthodes appliquées à la gestion d'un projet est parfois présent.

Conclusion :

Après avoir établi une étude bibliographique portant sur les standards de gestion de projets les plus connus, à savoir PMBOK et PRINCE2, nous avons retenu la méthode PRINCE2 parce qu'elle offre une série plus pratique de mesures à suivre par rapport au PMBOK. La démarche que nous proposerons à la CNIA SAADA Assurance, et qui fait l'objet du chapitre suivant se basera sur cette méthode.

CHAPITRE 3 :
ELABORATION D'UNE DEMARCHE POUR LA CNIA SAADA ASSURANCE

Nous présenterons dans ce chapitre la démarche proposée à la DOSI de la CNIA SAADA Assurance et qui est basée sur PRINCE2, en mettant l'accent sur deux domaines ; contrôler une séquence et clôturer le projet.

3.1 Motivations du choix :

L'étude que nous avons menée concernant le mode de fonctionnement au sein de la DOSI de la CNIA SAADA Assurance nous a permis de déterminer les failles que présente leur gestion de projets.

Rappelons qu'outre le fait que la méthode de gestion de projets adoptée au sein de la DOSI ne s'appuie pas sur un standard international, elle constitue aussi une simple méthode intuitive dont les documents se limitent aux documents suivants :

- Plan de mise en œuvre ;
- Monitoring des anomalies ;
- Compte rendu des réunions du comité de projet ;
- Rapport Flash.

La démarche existante requiert aussi un nombre important de réunions où les directives sont données, ce qui crée une perte de temps considérable.

Les directives ne sont pas toujours consignées, ce qui conduit ainsi à des pertes de données et d'informations.

De plus, les incidents survenus ne sont pas remontés au comité de pilotage de manière synthétique, pour que ce dernier puisse en ressortir directement ceux susceptibles de se produire dans des projets ultérieurs.

Et puisque les données que nous avions à notre disposition concernaient les activités du chef de projet, nous avons choisi de traiter en priorité les domaines « contrôler une séquence » et « clôturer le projet » du standard PRINCE2.

Les différents processus de ces domaines permettront de réduire le nombre de réunions, et de définir les rôles et les responsabilités à chaque niveau. Ils permettront aussi d'encourager les canaux de communication de l'information entre le chef d'équipe, le chef de projet, et le comité de pilotage de projet.

3.2 Présentation de la démarche :

Nous appliquerons dans cette partie la démarche proposée à la CNIA SAADA Assurance au projet Assur'Retraite Sinistre, qui est un projet de développement que prend en charge la DOSI.

3.2.1 Domaine CS : Contrôler une séquence

Pour ce premier domaine, nous prenons pour séquence le développement d'Assur'Retraite Sinistre, qui comprend quatre lots : « réalisation », « documentation », « test et recette », et « déploiement ». Pour le lot de travaux, nous avons choisi de travailler sur le lot test et recette.

CS1 - Autoriser un lot de travaux

L'objectif de ce processus est de garder le contrôle sur le travail de l'équipe, et ce, en fournissant les instructions de travail au chef d'équipe pour que le travail commence, et en ajustant les instructions de manière adaptée après les décisions de management.

Pour cela, le chef de projet doit confier un lot de travaux au chef d'équipe. Il doit aussi garantir que le travail est correctement défini, et que les descriptions de produits sont faites pour les principaux produits.

Ainsi, nous avons élaboré le « Lot de travaux », qui est un document regroupant un ensemble d'informations, sur un ou plusieurs produits requis. Ces informations seront collectées par le chef de projet et remis au chef de l'équipe ou membre de l'équipe, qui sera responsable du travail ou de sa livraison. Le tableau 3.1 illustre le lot de travaux "test et recette" du développement de l'application Assur'Retraite Sinistre, que devra fournir le chef du projet au chef d'équipe.

Date	24/04/2011
Equipe ou personne autorisée	LABIB (chef d'équipe)
Description du Lot	Tests et recettes
Descriptions du produit	Tests fonctionnels ; Assistance recette/Correction anomalies ; Recette formule de calcul ; Recette Application de gestion.
Techniques/processus/ procédures à utiliser	Cycles de bout en bout.
Fonctionnalités que le ou les produits finis doivent satisfaire	Test et recettes des options : - Adhésion à un contrat Assur'Retraite ; - Règlement d'une cotisation par chèque ; - Règlement d'une cotisation par virement.
Interaction à maintenir pendant le travail	SEDRATI (membre d'équipe)
Date début	26/04/2011
Date fin	14/05/2011
Charge	25 JH
Tolérance délai	Aucune
Tolérance charge	Aucune
Contrainte à observer	PV de tests d'enchainement à rendre avant le 06/05/2011
Disposition de reporting	Les fréquences attendues et le contenu des rapports des Points de Contrôle
Traitement et remontée de problèmes	Consulter SAYOURI (chef de projet)
Exigence pour la signature finale	Harrak (responsable hiérarchique)
Manière dont l'achèvement sera communiqué	Tous les livrables rendus

Tableau 3.1 Lot de travaux des tests et recettes

Une fois le lot défini, l'équipe possède toutes les informations nécessaires pour commencer le travail, et donc ce dernier débute. Le chef de projet peut désormais évaluer la progression du lot.

CS2 - Evaluer la progression :

Ce processus permet au chef de projet de garder une image réelle et précise de l'avancement du travail, ainsi que de l'état des ressources.

Les informations d'avancement seront obtenues par les « rapports de point de contrôle » que nous avons réalisés et que les chefs d'équipes devront remplir.

Nous présentons dans le tableau 3.2 un exemple de rapport de point de contrôle qui couvre la période du 27/04/2011 au 05/05/2011.

Emetteur	LABIB (Chef d'équipe)
Date du point de contrôle	27/04/11
Période couverte	Du 27/04/2011 au 05/05/2011
Activités pendant la période	Tests fonctionnels projet Assur'Retraite Sinistre
Produits terminés pendant la période	Tests fonctionnels
Etat des tolérances du Lot de Travaux	Pas de dérives hors tolérances
Problème actuel ou potentiel et mise à jour des risques	Aucun
Travail planifié pour la prochaine période	Recette formule de calcul
Produits à terminer pour la prochaine période	PV de recette Cahier de recette MAJ avec résultats tests

Tableau 3.2 Rapport de point de contrôle

CS3 - Collecter les incidences de projet :

Ce processus permet de recueillir, enregistrer et catégoriser toutes les incidences de projet. Par incidence de projet, il faut entendre toute question, réclamation ou requête expressément formulée par tout participant au et à propos du projet sur des problématiques diverses telles que :

- Apport/modification de nouvelles fonctionnalités;
- Défaut de conformité du produit;
- Questions d'approfondissement;
- Problème de plan;
- Erreur de communication.

Pour cela, nous avons élaboré le document «Incidence de projet », qui sera communiqué aux ressources. Ce document leur permettra de saisir les incidences qu'elles ont rencontrées dans un lot de travail, afin que le chef de projet en soit informé et puisse les catégoriser par la suite.

Le tableau 3.3 présente le document « Incidence de projet » du lot de travaux des tests et recettes du développement Assur'Retraite Sinistre rempli par la ressource LABIB. La priorité de numéro 1 signifie qu'elle est faible, celle de numéro 2 signifie qu'elle est moyenne, et celle de niveau 3 signifie qu'elle est forte.

Auteur	Date	N°	Description de l'incidence	Priorité	Analyse d'impact	Décision	Décideur	Date de la décision
LABIB (chef d'équipe)	19/05/11	1	Lors d'une nouvelle publication de l'application, il faut implémenter un mécanisme qui permet de vérifier la bonne version au niveau des machines utilisateurs	3	Blocage application	Mise en place de mécanisme de vérification	HARRAK (Responsable hiérarchique)	22/05/11
LABIB	19/05/11	2	Il faut revoir les noms de fenêtres	2	Problème de compréhension	Modifier le nom de la fenêtre « assureurs »	HARRAK	21/05/11
LABIB	20/05/11	3	Lors de la création de la police, la Devise est obligatoire	3	Erreurs de résultats	Ajouter astérisque devant le champ devise	HARRAK	20/05/11
LABIB	20/05/11	4	Il faut ajouter et activer l'avenant police : Suspension de la garantie ITT	2	Blocage application	Activer l'avenant	HARRAK	21/05/11
LABIB	20/05/11	5	Il faut activer l'avenant Quittancement : Ristourne de prime	2	Sauvegarde non réussie	Activer l'avenant « Ristourne de prime »	HARRAK	21/05/11
LABIB	21/05/11	6	Il faut ajouter et activer l'avenant police : Changement de frais	2	Sauvegarde non réussie	Ajouter et activer l'avenant « changem-ent de frais »	HARRAK	22/05/11

Tableau 3.3 Incidences de projet du lot de travaux des tests et recette

A présent, le chef de projet peut classer l'ensemble des incidences exprimées selon des catégories, et procéder à leur examen dans le processus suivant.

CS4 - Examiner les incidences de projet :

Ce processus permet au chef de projet d'examiner les incidences émises par les ressources, pour pouvoir déterminer leur type ainsi que leur impact sur les plans et les risques.

Pour cela, nous avons élaboré un « Recueil des incidences », qui sera communiqué aux chefs de projets, afin qu'ils puissent renseigner les informations concernant l'impact de chaque incidence sur les plans et les risques. Ces informations leur permettront par la suite d'examiner l'état de la séquence.

Le tableau 3.4 présente le recueil des incidences du lot de travaux des tests et recettes du développement Assur'Retraite Sinistre, rempli par le chef de projet.

Id	Auteur	Description	Type	Date d'apparition	Date dernière MAJ	Impact plans	Impact risques
2	LABIB (chef d'équipe)	Il faut revoir les noms de fenêtres	NBD	27/04/11	28/04/11	Aucun	Pas de dérive hors tolérance
3	LABIB	Lors de la création de la police la Devise est obligatoire	NBI	01/05/11	02/05/11	Augmentation charge phase de 0,5 JH	Pas de dérive hors tolérance
4	LABIB	Il faut ajouter et activer l'avenant police : Suspension de la garantie ITT	NBO	01/05/11	03/05/11	Augmentation charge phase de 0,5 JH	Pas de dérive hors tolérance
5	LABIB	Il faut activer l'avenant Quittancement : Ristourne de prime	NBI	04/05/11	07/05/11	Retard 1j phase	Dérive hors tolérance
6	LABIB	Il faut ajouter et activer l'avenant police : Changement de frais	BI	04/05/11	04/05/11	Augmentation budget 2000 Dh	Pas de dérive hors tolérance

Tableau 3.4 Recueil des incidences du lot de travaux des tests et recettes

Nous notons que :

- NBD signifie non bloquant à corriger dès que possible ;
- NBI signifie non bloquant à corriger immédiatement ;

- BI signifie bloquant à corriger immédiatement.

CS5 - Examiner l'état de la séquence :

Après avoir examiné les incidences de projet, le chef de projet peut alors entamer la vérification de la situation de la séquence.

Pour cela, il vérifie l'avancement réel de la séquence, par rapport à ce qui était prévu. L'avancement réel est déjà mesuré dans la séquence en cours. Différents points sont examinés comme : la séquence est elle toujours dans la tolérance, ou commence-t-elle à glisser, le recueil des risques à jour, quelle est l'état réel de la disponibilité des ressources, ou en est le traitement de certaines incidences affectant le budget alloué, où en sont les actions sur les incidences qui modifiaient les dates de livraison. Cela peut déclencher de futurs lots de travaux, certaines informations pourraient être utiles pour rapporter l'avancement au Comité de Pilotage de Projet, on peut avoir besoin de déclencher des actions correctives ou de remonter des préoccupations au Comité de Pilotage du Projet.

Pour ce processus, nous avons conservé les Rapports Flash utilisés par la DOSI de la CNIA SAADA Assurance. Nous ne pouvons pas le présenter dans ce rapport parce que c'est un document classé confidentiel.

CS6 - Rapporter les points clés :

Ce processus a pour rôle de présenter les informations synthétiques au Comité de Pilotage.

Pour cela, nous avons élaboré des « Rapports des points clés », que le chef de projet doit fournir au Comité de Pilotage de Projet. Ces rapports se focalisent sur le travail réalisé depuis le précédent rapport et sur le travail prévu jusqu'au prochain. En examinant l'avancement, le chef de projet devra identifier les situations liées aux dépenses - dépassements ou économies – celles liées aux délais – le projet est-il à l'heure – quels produits sont terminés – quels problèmes se sont présentés – quelles incidences ont été traitées – et quel en a été l'impact. En considérant le futur avancement, il identifie les produits qui seront livrés dans la période suivante.

Le tableau 3.5 présente le rapport des points clés du lot de travaux des tests et recettes du développement Assur'Retraite Sinistre couvrant la période du 26/04/2011 au 05/05/2011.

Date	06/05/2011
Période couverte	Du 26/04/2011 au 05/05/2011
Etat du budget	Supérieur au planifié de 2000 Dh
Etat du planning	Retard de 1 J
Etat des charges	Supérieur au planifié de 1 JH
Produits terminés pendant la période	Cahier de recette MAJ avec résultats tests, PV de tests d'enchainement ; Programme, monitoring anomalies MAJ ; PV de recette ; Cahier de recette MAJ avec résultats tests.
Produits à terminer dans la période suivante	PV de tests d'enchainement ; Analyse des indicateurs ; Plan d'actions de corrections des anomalies constatées.
Etat des Incidences de Projet	Tous pris en charge
Situation des tolérances	Pas de dérive hors tolérance

Tableau 3.5 Rapport des points clés du lot de travaux des tests et recettes

CS7 - Référer les incidences :

Ce processus a pour objectif de permettre au comité de pilotage de prendre la décision sur la modification à approuver avant son application.

Pour cela, si le chef de projet prévoit qu'une séquence sortira de la tolérance ou s'il reçoit une incidence qui risque de mener la séquence hors tolérance, le Comité de Pilotage de Projet doit en être informé. Ceci est effectué par l'émission d'un rapport d'exception. Ce rapport est centré sur l'identification d'une façon permettant de revenir à une situation normale, le rapport comprend les causes de la dérive, ses conséquences, l'examen des différentes options et de leur effet et une recommandation.

Le présent 3.6 illustre le rapport d'exception que nous avons élaboré, rempli pour l'incidence dont l'identifiant est le numéro 5, présentée dans le recueil des incidences du lot de travaux des tests et recettes du développement Assur'Retraite Sinistre.

Cause de la déviation	*Nécessité d'activer l'avenant Quittancemant : Ristourne de prime*
Conséquence	*Retard de 1 jour de la phase*
Option	*Activer l'avenant*
Effet	*Effet de chaque option sur le Cas d'Affaire, les risques et tolérances*
Recommandation	*Activer l'avenant Quittancemant : Ristourne de retraite*

Tableau 3.6 Rapport d'exception de l'incidence numéro 5 des tests et recettes

CS8 - Réceptionner un lot de travaux terminé :

Ce processus permet d'informer le Comité de Pilotage du Projet qu'un lot de travaux a été terminé de façon satisfaisante.

Pour cela, le lot de travaux est fourni par le chef d'équipe. Le chef de projet procède alors au contrôle de ce lot par rapport à la description de produit. La terminaison du travail est alors enregistrée et le produit est 'référencé'.

Après avoir traité les processus du domaine « contrôler une séquence » ; domaine qui couvre la gestion quotidienne des activités sur le projet, nous passons à présent à un deuxième domaine « clôturer le projet ».

3.2.2 Domaine CP : Clôturer le projet

Ce processus garantit un terme contrôlé du projet, qu'il s'agisse d'une clôture avec succès ou d'un arrêt prématuré, et ce, grâce aux trois processus qu'il comprend.

Nous présentons dans ce rapport l'étude que nous avons menée concernant chaque processus, en prenant comme projet pilote, le projet « Assur'Retraite Sinistre » utilisé auparavant.

CP1 - Préparer la fin du projet :

Ce processus a pour rôle l'émission de rapports sur l'atteinte des objectifs du projet tels que définis lors de l'initialisation du projet.

Pour cela, nous avons élaboré un « rapport de fin de projet », où devra renseigner le chef de projet les informations de synthèse concernant les atteintes du projet, afin de permettre au comité directeur d'avoir une vision globale sur le projet.

Nom du projet	Assur'Retraite Sinistre	
Objectif du projet	Réalisation d'une procédure qui s'inscrit dans le cadre du processus de gestion des opérations de production du produit « Assur'Retraite »	
Révision des bénéfices réalisés	Application développée et testée	
Performance par rapport aux cibles en termes de délais	Retard de 5 J	
Performance par rapport aux cibles en termes de coûts	Augmentation de XXX Dhs	
Statistiques finales sur les Incidences de Projet	**Total des incidences reçues**	30
	Total des incidences remontées au comité de pilotage	2
Effet des modifications approuvées	Réussite	
Date de Revue Post Projet	Le 06/06/11	

Tableau 3.7 Rapport de fin du projet Assur'Retraite Sinistre

CP2 - Identification des actions de suite

Ce processus permet l'émission de recommandations sur les prochaines actions requises, ainsi que la planification des revues post-projet. Nous avons élaboré pour ce besoin une grille permettant de mentionner quand et comment sera mesurée la réalisation des bénéfices attendues, et quelles sont les ressources dont le rôle sera d'effectuer le travail de revue.

Comment mesurer la réalisation des bénéfices attendus ?	Un mois après le déploiement de l'application.
Quand les différents bénéfices peuvent être mesurés ?	Le 10/07/10
Quelles sont les ressources nécessaires pour effectuer le travail de revue ?	TARGUI TERRAF

Tableau 3.8 Plan de revue post-projet de Assur'Retraite Sinistre

CP3 - Evaluer le projet

Ce processus permet au comité de direction d'évaluer la manière dont le projet a été géré et la restitution des retours d'expérience. Après cet examen, le projet passera au mode inactif. Nous avons donc élaboré un « rapport des retours d'expérience » ainsi qu'un « recueil des retours d'expérience ». Le premier document devra être rempli par le chef de projet, pour permettre au comité directeur de renseigner le deuxième avec les informations concernant le processus de management de la qualité défaillant ou les événements anormaux survenus et qui pourraient servir dans des projets ultérieurement entrepris.

Pour plus de détails sur ces documents, voir les annexes A et B.

Conclusion :

Ce chapitre nous a permis de présenter la démarche que nous avons proposée à la CNIA SAADA Assurance. Cette démarche, basée sur PRINCE2 et principalement les deux domaines « contrôler une séquence » et « clôturer le projet », a permis de définir les directives pour chaque membre du projet concerné. Nous présentons dans le chapitre suivant l'étude fonctionnelle que nous avons réalisée.

CHAPITRE 4:
ETUDE FONCTIONNELLE

Dans ce chapitre, nous présenterons l'étude fonctionnelle de notre projet. Nous commencerons par lister les fonctionnalités que fournira l'application aux utilisateurs à travers le diagramme des cas d'utilisation, ensuite nous allons établir les descriptions détaillées des cas d'utilisation pour mieux décrire l'utilisation de l'outil.

4.1 Etude des fonctionnalités:

Cette phase représente un point de vue fonctionnel de notre travail. Nous commencerons tout d'abord par identifier l'ensemble des utilisateurs de l'outil, pour ensuite lister le rôle de chacun d'eux, ce qui nous permettra de faire ressortir les différentes fonctionnalités que doit posséder l'outil.

4.1.1 Identification des acteurs:

Les acteurs identifiés sont le PMO, le responsable hiérarchique, le chef de projet, le membre d'équipe et l'administrateur.

- Le **PMO** a pour rôle de superviser les équipes des projets, d'assurer la coordination entre les ressources et les projets, et de piloter l'organisation du travail, ses tâches sont le suivi du portefeuille de projets et la comparaison de l'activité réalisée avec celle planifiée.

- Le **responsable hiérarchique** contrôle l'avancement des projets relatifs à son domaine d'activité. Il a pour tâches la consultation des projets relatifs à son domaine ainsi que le suivi de l'avancement des équipes projets relatifs à son domaine.

- Le **chef de projet** conduit ses propres projets. Il assure la planification des projets, l'affectation des ressources et des charges, le suivi de l'avancement de l'équipe projet ainsi que la gestion des projets et des livrables.

- La **ressource** est soit un membre interne de l'équipe projet au sein de la DOSI de la CNIA SAADA Assurance, soit un membre externe (un prestataire). Il a pour rôle l'information du chef de projet de son état d'avancement en ce qui concerne les projets sur lesquels il travaille.

- L'**administrateur** s'occupe de tout ce qui est en relation avec la gestion des comptes, des rôles et des habilitations.

4.1.2 Les cas d'utilisation :

Dans ce qui suit, nous présenterons le diagramme des cas d'utilisation. Nous procéderons par la suite à une description détaillée des différents cas d'utilisations, qui seront une représentation des fonctionnalités attendues par l'application. La figure 4.1 représente le diagramme des cas d'utilisations.

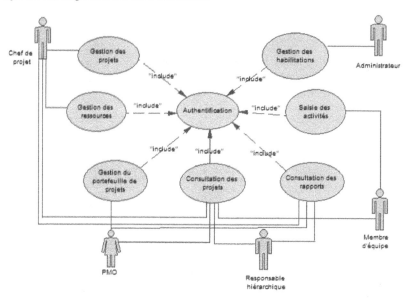

Figure 4.1 Diagramme des cas d'utilisation

Les cas d'utilisation identifiés sont présentés dans le tableau 4.1:

Cas d'utilisation	But
Authentification	S'authentifier par un login et un mot de passe.
Consultation des projets	Permettre de consulter les projets ainsi que les tâches qui les composent.
Gestion des projets	- Création des projets. - Gestion des tâches. - Gestion des livrables. - Planification des projets. - Mise à jour des projets. - Suppression des projets.
Gestion du portefeuille de projets	Consolidation des projets à travers un arbitrage de ressources par ordre de priorité des livrables.
Gestion des ressources	- Création des ressources. - Mise à jour des ressources. - Affectation des tâches et des charges aux ressources.
Saisie des activités	Rendre compte du travail et des tâches effectuées.
Gestion des habilitations	- Créer les profils des utilisateurs et gérer les droits d'accès.
Consultation des Rapports	Consulter les rapports d'activités pour effectuer le suivi des projets.

Tableau 4.1 But des cas d'utilisation

4.2 Description détaillée des cas d'utilisation

A présent, nous fournissons une description détaillée des cas d'utilisation afin de cerner l'utilisation du système.

Titre	Authentification
But	Ce cas d'utilisation consiste en l'identification de l'utilisateur du système et l'attribution des habilitations selon le profil.
Acteurs	Utilisateur (membre d'équipe, chef de projet, responsable hiérarchique, PMO, administrateur)
Scénario principal	L'utilisateur se connecte au système et donne son identificateur et son mot de passe. Le système vérifie l'identité de l'utilisateur et lui attribue les habilitations correspondantes à ses privilèges.

Tableau 4.2 Description du cas d'utilisation Authentification

Titre	Gestion de projets
But	Ce cas d'utilisation permet au chef de projet de créer le projet, les tâches et les livrables, les ordonnancer, les mettre à jour et les supprimer.
Acteur	Chef de projet
Scénario principal	Le chef de projet accède à la page liste des projets en cours. Quand il crée un nouveau projet ou sélectionne un projet déjà existant, le système charge automatiquement la fiche du projet et affiche toutes les phases et tâches. A partir de cette fiche, le chef de projet peut effectuer les modifications souhaitées.

Tableau 4.3 Description du cas d'utilisation Gestion de projets

Titre	Consultation des projets
But	Ce cas d'utilisation permet à l'utilisateur la consultation des informations couvrant tous les aspects d'un projet.
Acteurs	Responsable hiérarchique, membre d'équipe, PMO, chef de projet.
Scénario principal	L'utilisateur accède à la liste des projets en cours. Après avoir choisi un projet, il peut consulter les informations qui lui sont relatives, les ressources qui lui ont été affectées, les activités réalisées lors d'une phase ainsi que les livrables d'une phase.

Tableau 4.4 Description du cas d'utilisation Consultation des projets

Titre	Gestion du portefeuille de projets
But	Ce cas d'utilisation permet la consolidation des projets.
Acteur	PMO
Scénario principal	Le PMO consulte l'état d'avancement global de l'ensemble des projets, et s'il y a une surcharge d'une ressource il donne la consigne pour que la ressource traite le projet le plus prioritaire.

Tableau 4.5 Description du cas d'utilisation Gestion du portefeuille de projets

Titre	Saisie des activités
But	Ce cas d'utilisation permet à la ressource de rendre compte du travail et des tâches effectuées.
Acteur	Membre d'équipe
Scénario principal	Le membre d'équipe sélectionne à partir d'un calendrier la semaine en cours, afin de connaitre l'ensemble des tâches qui lui ont été affectées. Le membre d'équipe saisit ensuite pour chaque jour le temps qu'il a consacré pour chaque tâche. Le chef de projet peut revenir sur une semaine antérieure et modifier, en cas d'erreur ou d'oubli, l'information de la durée passée par un membre d'équipe dans une tâche.

Tableau 4.6 Description du cas d'utilisation Saisie des activités

Titre	Gestion des habilitations
But	Ce cas d'utilisation permet à l'administrateur la création des profils des utilisateurs et la gestion des droits d'accès.
Acteur	Administrateur
Scénario principal	L'administrateur crée les utilisateurs, les profils et gère les droits.

Tableau 4.7 Description du cas d'utilisation Gestion des habilitations

Titre	Gestion des ressources
But	Ce cas d'utilisation permet au chef de projet d'affecter des tâches et des charges aux ressources.
Acteurs	Chef de projet
Scénario principal	Le Chef de projet affecte une tâche à une ressource. Ensuite, il spécifie la charge que doit consacrer la ressource à la tâche.

Tableau 4.8 Description du cas d'utilisation Gestion des ressources

Titre	Consultation des rapports
But	Ce cas d'utilisation permet aux responsables hiérarchiques, au chef de projet ainsi qu'au PMO de consulter les rapports des activités pour effectuer le suivi des projets.
Acteurs	Responsable hiérarchique, PMO, chef de projet.
Scénario principal	Le responsable accède à la liste des états (rapport du planning, rapport de charge, rapport de coût, rapport comparatif du planifié par rapport au réalisé). Après avoir choisi un état, il peut le consulter, voir les informations la concernant et aussi l'imprimer.

Tableau 4.9 Description du cas d'utilisation Consultation des rapports

Conclusion:

Ce chapitre nous a permis de déterminer les différentes fonctionnalités auxquelles doit répondre l'outil de gestion de projets au sein de la DOSI de la CNIA SAADA Assurance. Ces fonctionnalités nous guiderons dans le choix de l'outil et son paramétrage.

CHAPITRE 5 :
ETUDE TECHNIQUE

Dans ce chapitre, nous allons voir dans un premier temps l'étude comparative que nous avons réalisé sur une vingtaine d'outils libres et propriétaires. Ensuite, nous allons présenter le paramétrage que nous avons effectué sur l'outil gratuit choisi.

5.1 Critères de choix de l'outil :

Le produit retenu doit satisfaire un certain nombre de critères, afin de répondre aux besoins de l'entreprise en termes de gestion de projets et de portefeuille de projets.

Après l'étude fonctionnelle que nous avons réalisée, nous avons mis en avant les principaux critères que doit satisfaire l'outil. Ces critères peuvent être résumés par ce qui suit :

1. Accessible en ligne.
2. Facile d'utilisation.
3. Remplit les fonctionnalités identifiées dans l'étude fonctionnelle :

   - Gestion de portefeuille de projets ;
   - Gestion des projets ;
   - Gestion des ressources par rapport à plusieurs projets ;
   - Consultation des projets ;
   - Saisie d'activité ;
   - Consultation des rapports.

5.2 Outils propriétaires :

Dans l'étude que nous avons menée sur les outils propriétaires, nous avons tout d'abord commencé par une étude technique, où nous avons vérifié la conformité des fonctionnalités de chacune des solutions avec celles requises par la société.

Pour ce faire, nous avons procédé à l'installation de la version d'évaluation et au test des outils suivants : PSNext, Microsoft Project, Project Monitor et Clarizen. Nous avons aussi organisé des web conférences et des partages d'écran avec les technico-commerciaux de Primavera Project Planner, One2Team et HP Project & Portfolio Software. Outre cela, nous avons programmé et assisté à des réunions de présentation avec les responsables de commercialisation de Genius Project et WorkPLAN Entreprise. Tout cela, dans le but d'évaluer les outils selon tous les critères listés auparavant, et retenir ceux qui répondent aux critères requis.

Le tableau 5.1 regroupe les différents outils sur lesquels a porté notre étude, avec une appréciation de chaque critère de sélection.

Logiciel	Fonctionnalités						Acces-sibilité en ligne	Facilité d'utili-sation
	Gestion des portefeuilles de projets	Gestion des projets	Gestion des ressources	Consul-tation des rapports	Consul-tation des projets	Saisie d'acti-vité		
Clarizen	Non	Oui	Oui	Non	Oui	Non	Oui	Oui
Project Monitor	Non	Non	Oui	Oui	Oui	Oui	Oui	Oui
Genius Project	Oui	Oui	Oui	Oui	Oui	Oui	Oui	Oui
HP Project &Portfolio Software	Non	Oui	Oui	Oui	Oui	Oui	Oui	Oui
Microsoft Project	Oui	Oui	Oui	Oui	Oui	Oui	Non	Non
One2Team	Oui	Oui	Oui	Oui	Oui	Oui	Oui	Oui
Primavera Project Planner	Oui	Oui	Oui	Oui	Oui	Oui	Oui	Oui
WorkPlan Entreprise	Non	Oui	Oui	Non	Oui	Oui	Non	Oui
PSNext	Non	Non	Oui	Non	Oui	Oui	Non	Oui

Tableau 5.1 Etude technique des outils technique des outils propriétaires

Après cette première étude, axée sur le côté technique de chaque outil, nous avons choisi les trois produits qui ont satisfait tous les critères de sélection, à savoir : One2Team, Primavera Project Planner et Genius Project, pour ensuite entamer l'étude commerciale. Cette étude s'est basée sur la disponibilité d'un revendeur, la nature du support après-vente que propose ce partenaire, ainsi que sur le coût qui doit convenir à l'enveloppe budgétaire prévue par CNIA SAADA Assurance pour cet outil.

Le tableau 5.2 spécifie l'éditeur, le revendeur, et le coût de chacun des trois logiciels retenus, ainsi que la nature du support et son coût, et finalement l'avis sur le produit.

Logiciel	Editeur	Revendeur	Coût produit	Nature support	Coût support	Avis
One2Team	One 2 Team	One2Team	- 25 utilisateurs - Contrat 1 an Prix : 1000,00 DH/mois et par utilisateur	- Partage d'écrans - Hotline	Inclus dans le coût du produit	Non retenu
Primavera Project Planner	Oracle	ASCO	17.370,00 DH HT/Unité	- Déplacement consultant ASCO - Hotline - Partage d'écran	4780,00 DH HT/ Utilisateur + Frais de formation	Non retenu
Genius Project	IBM	IBM Maroc	Licence : à partir de 15000 DH	- SaaS	3900,00 DH/ année en ligne	**Retenu**

Tableau 5.2 Etude commerciale des outils propriétaires

Comme le coût de Primavera Project Planner ne correspond pas à l'enveloppe budgétaire de la CNIA SAADA Assurance, ce produit a été éliminé.

La nature de support du produit One2Team, à savoir le partage d'écran et la Hotline n'est pas suffisante puisqu'il n'y a pas d'assistance directe en cas de problème, par conséquent, cette solution a été rejetée.

Le produit finalement choisi est la solution d'IBM pour la gestion de projets et de portefeuille de projets, à savoir Genius Project.

Nous donnons ci-dessous les principaux modules de l'outil choisi, avec leurs fonctionnalités.

Gestion du portefeuille de projets : L'outil permet une gestion complète du portefeuille de projets en proposant les fonctionnalités suivantes :

- Analyse du portefeuille ;
- Vues consolidées de l'ensemble des projets ;
- Vue globale et pertinente sur les variations budgétaires et sur l'avancement ;
- Classement des projets ;
- Planification financière.

Gestion des ressources : Genius Project propose la planification et la prévision des ressources, grâce aux options suivantes :

- Vision de la planification des ressources et leur disponibilité en temps réel et sur tous les projets auxquels ils sont affectés ;
- Création d'équipes de projets.

Suivi des projets : L'outil offre également aux utilisateurs un suivi précis des projets grâce à ces fonctionnalités :

- Alertes et rappels des retards ;
- Effectif comparé au planifié ;
- Suivi des livrables ;
- Tableau de bord et calendrier personnel.

Gestion du coût et du budget : Cette gestion est possible grâce aux options suivantes :

- Tableaux de bord détaillés pour suivre les coûts, le budget et la marge.
- Calcul automatique des coûts effectifs.
- Temps, dépenses, produits.
- Budget détaillé et personnalisable.

Les tableaux de bords de Genius Project sont des écrans de visualisation qui résument des informations détaillées en un tableau récapitulatif. Ces écrans montrent des indicateurs de couleurs et un recueil de statistiques projets. Les six indicateurs standards sont: le temps, les coûts, la charge de travail, l'avancement, les résultats et les risques.

5.3 Outils gratuits et libres :

L'étude que nous avons menée sur les outils libres, est similaire à celle menée sur les outils propriétaires. Pour cette catégorie d'outils, nous avons téléchargé, installé et testé la quasi-totalité des outils pour ensuite procéder à leur évaluation. Le tableau 5.3 regroupe les différents outils sur lesquels a porté notre étude, avec une appréciation de chaque critère de sélection :

Logiciel	Fonctionnalités							Accessibilité en ligne	Facilité d'utilisation
	Gestion des portefeuilles de projets	Gestion des projets	Gestion des ressources	Consultation des rapports	Consultation des projets	Saisie d'activité	Gestion de projets		
Dot Project	Non	Oui	Oui	Non	Oui	Oui	Oui	Oui	Oui
Gant Project	Non	Oui	Oui	Oui	Oui	Oui	Oui	Non	Non
Open Work Bench	Oui	Oui	Oui	Oui	Oui	Oui	Oui	Non	Oui
Open Proj	Oui	Oui	Oui	Oui	Oui	Oui	Oui	Non	Oui
Php Group Ware	Oui	Non	Oui	Oui	Non	Oui	Oui	Oui	Oui
Project'or RIA	Oui	Oui	Oui	Oui	Oui	Oui	Oui	Oui	Oui
Project Open	Oui	Oui	Oui	Oui	Oui	Oui	Non	Oui	Oui
Project .Net	Non	Oui	Oui	Non	Oui	Oui	Non	Oui	Oui
Php Project	Non	Non	Non	Non	Oui	Oui	Oui	Oui	Oui

Tableau 5.3 Etude technique des outils gratuits et libres

A l'issue de cette étude, notre choix s'est porté sur Project'or Ria, parce qu'il satisfait tous les critères de sélection, et qu'il est facile à installer.

Principales fonctionnalités de Project'or Ria : Project'or Ria permet une bonne gestion de projets grâce aux fonctionnalités qu'il propose et que nous pouvons résumer par ce qui suit :

- Planification des projets.
- Affectation de ressources aux tâches.
- Visibilité de l'état d'avancement.
- Rapports imprimables.
- Importation de fichiers de type CSV pour le chargement de données (CSV est un format informatique de fichiers dont les valeurs sont séparées par des virgules).

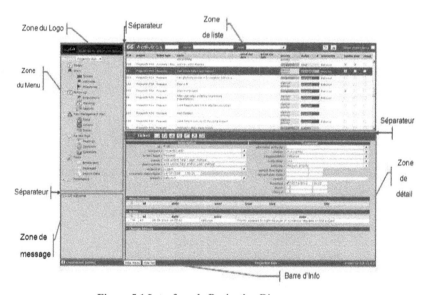

Figure 5.1 Interface de Project'or Ria

Après avoir mené l'étude technique et choisi l'outil libre, nous avons procédé à l'installation et au paramétrage de cet outil, afin qu'il réponde parfaitement aux besoins de la CNIA SAADA.

5.4 Installation de Project'or Ria :

Project'or Ria fonctionne comme un client léger, son déploiement nécessite: Apache, MySQL, PHP. Donc, pour pouvoir l'utiliser, il suffit d'installer Zend Server, qui est un serveur d'applications Web professionnel pour faire tourner et gérer les applications PHP qui nécessitent un haut niveau de fiabilité, de performance et de sécurité.

5.5 Paramétrage de l'outil :

Pour que l'outil présenté à la CNIA SAADA Assurance satisfasse le besoin des utilisateurs en termes de droits d'accès et d'habilitations, nous avons procédé à son paramétrage. Tout d'abord, nous avons commencé par paramétrer les profils. Ensuite, nous avons géré les habilitations et les privilèges à travers un paramétrage des modes d'accès. Puis nous avons sécurisé l'accès aux écrans et aux donnés en affectant à chaque profil le mode avec lequel il peut y accéder. Et enfin, nous avons paramétré les statuts des activités pour permettre aux utilisateurs d'avoir une vision plus claire sur l'état d'avancement des tâches.

5.5.1 Paramétrage des profils :

Afin de répondre aux besoins définis auparavant en termes de droits, nous avons procédé à un contrôle d'accès consistant à associer des droits d'accès à des utilisateurs, permettant ainsi à l'entité d'accéder à certaines données, si elle en a les droits.

Nous avons créé en un premier temps cinq profils, définissant les différents types d'utilisateurs ayant accès à notre outil.

Les profils sont les suivants :

- *PMO* : C'est un utilisateur qui a une visibilité sur tous les projets.
- *Responsable hiérarchique* : C'est un utilisateur qui a une visibilité sur l'ensemble des projets rattachés à son domaine (vie, santé, automobile,..).
- *Chef de projet* : C'est un utilisateur qui a une visibilité sur tous ses projets.
- *Ressource* : C'est un utilisateur qui a une visibilité sur les projets où il a au moins une tâche.
- *Administrateur* : C'est un utilisateur qui a une visibilité sur les habilitations.

La figure ci-dessous montre le détail du profil « Chef de Projet ».

Figure 5.2 Création des profils

5.5.2 Paramétrage des modes d'accès :

Ensuite, nous avons défini neuf modes d'accès. Chaque mode d'accès dispose d'un droit spécifique de lecture, création, mise à jour et suppression.

Le mode « Lecteur », « Modificateur », « Créateur » et « aucun accès » étaient déjà existants. Nous avons créé les modes « Lecteur + », « Modificateur + », « Créateur + », « Gestionnaire » et « Gestionnaire + », puis nous avons affecté à chacun d'eux des droits particuliers.

Le tableau 5.4 résume les droits que nous avons affectés à chaque mode d'accès. Le mode « Créateur + » par exemple a un droit de lecture sur tous les éléments de tous les projets. Il peut créer n'importe quel élément dans n'importe quel projet. Quant à la mise à jour et la suppression, il peut les effectuer uniquement sur ses propres éléments.

Nom	Droit de lecture	Droit de création	Droit de mise à jour	Droit de suppression
Lecteur	Les éléments de ses projets	Aucun élément	Aucun élément	Aucun élément
Lecteur +	Tous les éléments sur tous les projets	Aucun élément	Aucun élément	Aucun élément
Modificateur	Les éléments de ses projets	Aucun élément	Les éléments de ses projets	Aucun élément
Modificateur +	Tous les éléments sur tous les projets	Aucun élément	Tous les éléments sur tous les projets	Aucun élément
Créateur	Les éléments de ses projets	Les éléments de ses projets	Ses propres éléments	Ses propres éléments
Créateur +	Tous les éléments sur tous les projets	Tous les éléments sur tous les projets	Ses propres éléments	Ses propres éléments
Gestionnaire	Les éléments de ses projets	Les éléments de ses projets	Les éléments de ses projets	Les éléments de ses projets
Gestionnaire +	Tous les éléments sur tous les projets	Tous les éléments sur tous les projets	Tous les éléments sur tous les projets	Tous les éléments sur tous les projets

Tableau 5.4 Modes d'accès

Quant à cette figure, elle illustre le mode « Créateur + ».

Figure 5.3 Création mode d'accès

5.5.3 Paramétrage des accès :

Après le paramétrage des modes d'accès, nous avons entamé le paramétrage des accès. Pour cela, nous avons dans un premier temps délimité l'accès aux écrans selon chaque type d'utilisateur. L'écran « Activités » par exemple est accessible à tous les profils, sauf l'administrateur. Le tableau 5.5 résume les écrans auxquels peut accéder chaque profil.

Profil Ecran	PMO	Responsable hiérarchique	Chef de projet	Ressource	Administrateur
Aujourd'hui	✓	✓	✓	✓	
Activités	✓	✓	✓	✓	
Jalons	✓	✓	✓	✓	
Imputations	✓	✓	✓	✓	
Planning	✓	✓	✓	✓	
Etats	✓	✓	✓		
Importer des données	✓	✓	✓		
Projets	✓	✓	✓	✓	
Utilisateurs	✓	✓	✓		
Equipes	✓	✓	✓		
Ressources	✓	✓	✓		
Affectations	✓	✓	✓		
Fonctions	✓	✓	✓		
Types d'activités	✓	✓	✓		
Mode d'accès					✓
Accès aux écrans					✓
Accès aux états					✓
Mode d'accès aux données					✓
Mode d'accès spécifiques					✓
Paramètres utilisateurs	✓	✓	✓	✓	✓

Tableau 5.5 Accès aux écrans

La figure 5.7 définit les profils ayant accès aux écrans relatifs aux plannings.

	Chef de Projet	Responsable hiérarchique	PMO	Ressource	Administrateur
Planning	✓	✓	✓	☐	✓

Figure 5.4 Accès aux écrans des plannings

Puis, nous avons entamé le paramétrage des modes d'accès aux données, comme celles relatives aux activités, jalons, risques, projets et affections. Ce paramétrage définit le mode d'accès dont dispose chacun des cinq profils pour tous les types de données. Un chef de projet par exemple accède à toutes les données en mode « Gestionnaire », sauf les données relatives aux emails envoyés, où il est lecteur seulement, et celles relatives aux messages, où il est « Créateur ». La figure 5.8 indique le mode d'accès que nous avons affecté à chaque profil, pour chaque donnée.

Mode d'accès aux données

	Chef de Projet	Responsable hiérarchique	PMO	Ressource	Administrateur
Tickets	Gestionnaire	Gestionnaire	Gestionnaire+	Lecteur	Aucun accès
Activités	Gestionnaire	Gestionnaire	Gestionnaire+	Créateur	Aucun accès
Jalons	Gestionnaire	Gestionnaire	Gestionnaire+	Lecteur	Aucun accès
Risques	Gestionnaire	Gestionnaire	Gestionnaire+	Lecteur	Aucun accès
Actions	Gestionnaire	Gestionnaire	Gestionnaire+	Lecteur	Aucun accès
Problèmes	Gestionnaire	Gestionnaire	Gestionnaire+	Lecteur	Aucun accès
Réunions	Gestionnaire	Gestionnaire	Gestionnaire+	Lecteur	Aucun accès
Décisions	Gestionnaire	Gestionnaire	Gestionnaire+	Lecteur	Aucun accès
Questions	Gestionnaire	Gestionnaire	Gestionnaire+	Lecteur	Aucun accès
Emails envoyés	Lecteur	Lecteur	Lecteur	Lecteur	Aucun accès
Messages	Créateur	Créateur	Créateur	Créateur	Aucun accès
Projets	Gestionnaire	Gestionnaire	Gestionnaire+	Lecteur	Aucun accès
Affectations	Gestionnaire	Gestionnaire	Gestionnaire+	Lecteur	Aucun accès

Figure 5.5 Mode d'accès aux données

Enfin, nous avons fixé le mode d'accès aux imputations des ressources, en spécifiant pour chaque profil les éléments auxquels il a accès concernant la saisie des activités des ressources comme l'illustre la figure 5.9.

Figure 5.6 Mode d'accès aux imputations des ressources

5.5.4 Paramétrage des statuts :

Toute tâche passe un Workflow spécifique lors de sa réalisation. Par exemple, en étant tout d'abord affectée, puis en progrès, et enfin faite. Pour cela, et afin que les utilisateurs aient une idée plus claire sur l'avancement d'une activité ou d'une tâche particulière, nous avons procédé à un paramétrage des statuts des activités. Ces statuts indiqueront par la suite l'état d'avancement des tâches.

Nous avons tout d'abord définis neuf statuts illustrant toutes les étapes par lesquelles pourra passer une tâche, en affectant un indicateur coloré à chaque état afin d'en faciliter l'utilisation.

La figure 5.10 illustre le statut «assigné» que peut avoir une tâche.

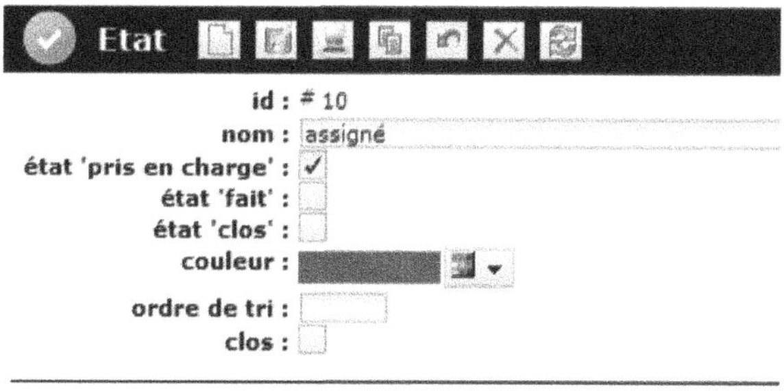

Figure 5.7 Statut assigné d'une activité

La figure 5.11 liste tous les statuts créés et paramétrés.

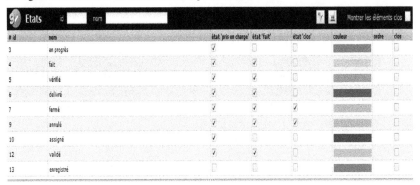

Figure 5.8 Statuts des activités

Ensuite, nous avons réalisé trois Workflow permettant de préciser les circuits de cheminement des statuts pour une activité. Ces Workflow ont pour rôle de définir l'ensemble de statuts que peut avoir une activité, les profils qui possèdent le droit de lui changer de statut, et les changements possibles.

Les Workflow créés sont les suivants :

- ***Par défaut*** : Workflow où une activité peut passer de n'importe quel état vers un autre, et où tous les utilisateurs peuvent effectuer un changement de statut de l'activité.
- ***Simple*** : Workflow où le traitement est réalisé par une ressource, et la validation par le chef de projet, donc seul ce dernier peut modifier le statut d'une activité.
- ***Validation externe*** : Workflow où le traitement se fait par une ressource simple, mais la validation par le responsable hiérarchique. Donc seul le responsable hiérarchique peut modifier le statut d'une activité.

Conclusion :

Ce chapitre nous a permis de traiter le deuxième volet de notre PFE, et qui concerne la mise en place de l'outil de gestion de portefeuille de projets. Nous avons pu ainsi présenter à CNIA SAADA deux outils, l'un propriétaire ; « Genius Project » et l'autre libre et gratuit ; « Project'or Ria ». Nous avons ensuite procédé au paramétrage de Project'or Ria afin qu'il corresponde à leurs besoins.

CONCLUSION ET PERSPECTIVES

Au terme de notre projet de fin d'études à la CNIA SAADA Assurance, nous avons pu répondre au besoin de la société, en permettant dans un premier temps la mise en place d'une démarche basée sur les deux domaines que nous avons jugé importants du standard PRINCE2. Pour ce faire, nous avons mené une étude bibliographique approfondie des standards les plus connus de gestion de projets.

Dans un deuxième temps, nous avons proposé deux outils de gestion de portefeuille de projets. Pour cela, nous avons commencé par modéliser les besoins, pour ensuite mener une étude comparative d'une vingtaine d'outils, gratuits et payants confondus. Pour la première catégorie, nous avons choisi les solutions qui se rapprochent le plus du besoin. Ensuite, nous avons entamé une seconde étude, commerciale cette fois-ci, afin de ne retenir que « Genius Project ». La DOSI continue de suivre de près la possibilité d'implémentation de cet outil.

Pour les outils libres, nous avons choisi Project'or Ria qui convient le plus au besoin en termes de fonctionnalités, et entamé son paramétrage afin de proposer à notre organisme d'accueil une solution qui satisfait parfaitement leur demande. Cette solution sera utilisée en attendant la mise en place complète de « Genius Project ».

Ce stage a été très enrichissant, dans le sens où nous avons essentiellement touché de près deux domaines. Le premier est le métier de l'assurance, et le second la gestion de portefeuille de projets.

Afin d'anticiper les évolutions futures, nous avons recherché la manière avec laquelle notre travail pourrait évoluer dans un avenir proche.

Comme perspective à notre travail nous suggérons dans un premier temps que la démarche que nous avons proposée, et qui est limitée à deux domaines de PRINCE2 devienne encore plus complète en s'étendant aux autres domaines de ce standard.

Dès lors, cette démarche pourra être appliquée pour la gestion des portefeuilles de projets de toutes les autres directions de la CNIA SAADA Assurance.

Aussi, les outils que nous avons proposés à la DOSI sont adaptés pour être utilisé dans la gestion de n'importe quel type de projet, ce qui signifie qu'ils peuvent être mis en place dans tous les services, et donc permettre à la CNIA SAADA Assurance de gagner en efficacité.

BIBLIOGRAPHIE

[CNIA SAADA 2011] CNIA SAADA. (2011) Rapport annuel

[PINEAU 2007] PINEAU, K. (2007) La gestion de projet, Liège, 2e édition, Lefebvre Sarrut, 205p.

[COOPER 1998] COOPER, L. (1998) Portfolio Management for New Product, Alberta, 1ère edition, John Wiley & Sons. Inc, 128p.

[BOUDRANT 2006] BOUDRANT, A. (2006) Initiation aux principes fondamentaux de gestion de projet, Québec, 2e édition, Reed Elsevier, 272p.

[ANTABAPT 2011] ANTABAPT,M. (2011) Introduction à la gestion projet, Charlesbourg, 3e édition, Wolters Kluwer.

[LAMBERT 2008] LAMBERT, B. (2008) PRINCE2 in controlled environment, New York, 2e édition, Oryx Press, 180p.

[ULRICH 2010] ULRICH, A. (2008) Structure du PMBOK, Paris, 3e édition, Gallimard, 120p.

[MONNOT 2008] MONNOT, S. (2008) PRINCE2-Présentation des processus, Paris, 2e édition, Groupe Flammarion,180p.

[PMI 2004] PROJECT MANAGEMENT INSTITUTE. (2004) Project Management Body Of Knowledge.

www.ingramcontent.com/pod-product-compliance
Lightning Source LLC
LaVergne TN
LVHW042349060326
832902LV00006B/490